Inhalt

Markencontrolling - Wie kann Controlling den Wert einer Marke ermitteln?

Kernthesen

Beitrag

Fallbeispiele

Weiterführende Literatur

Impressum

Markencontrolling - Wie kann Controlling den Wert einer Marke ermitteln?

M.Westphal

Kernthesen

- Die Bewertung von Intangibles gewinnt an Bedeutung.
- Insbesondere der Wert einer Marke ist nicht nur aus qualitativer Sicht für Unternehmen wichtig, sondern auch aus monetärer.
- Für Unternehmen gibt es inzwischen einige rechtliche Zwänge im Hinblick auf die Bewertung der Marke.
- Bisher gibt es keine standardisierten Verfahren zur Ermittlung des Markenwerts.

Beitrag

Was kostet die Marke Coca-Cola? Diese Frage ist nicht so einfach zu beantworten, da es verschiedenste Verfahren zur Markenbewertung gibt. Da eine wertmäßige Betrachtung der Marke inzwischen vorgeschrieben ist, ist dies aber für das Rechnungswesen von großer Bedeutung.

Die Bewertung von so genannten Intangibles wie Markenwert, Führungsqualität und Reputation wird von vielen Unternehmen inzwischen als sehr wichtig eingeschätzt

Das Thema Corporate Sustainability ist inzwischen ein fester Bestandteil der Unternehmenskultur vieler Unternehmen. Damit werden die Beziehungen zur Öffentlichkeit, den Kunden und eigenen Mitarbeitern beeinflusst. Die Qualität der Marke ist hierbei ein wichtiger Faktor der positiven Einstellung gegenüber dem Unternehmen. Inzwischen berücksichtigen auch Kreditinstitute und Versicherungen neben den finanziellen Parametern die so genannten Intangibles

wie Markenwert, Führungsqualität und Reputation. (5)
Es gibt viele Antworten auf die Frage nach dem Wert der Marke Coca-Cola. Für eine effiziente Markenführung sind aber Markenbewertungen, insbesondere wenn sie auch qualitative Ergebnisse liefern, unabdingbar.
Wissenschaftler, Marketingleiter, Gerichte, Agenturchefs und Steuerberater haben sehr unterschiedliche Interessen wenn es um die Bewertung von Marken geht.
Wissenschaftler z. B. bevorzugen theoretisch fundierte aber meist wenig praktikable Verfahren. Bei Agentur-Verantwortlichen steht im Gegensatz dazu immer die Umsatzgröße und damit ein gemessener Umsatzanstieg im Mittelpunkt. Allerdings werden in diesem Fall selten fundierte Ergebnisse für die Bewertung beigesteuert. (6)

Markenbewertung wird für verschiedene Anlässe benötigt

Die Ermittlung von Markenwerten wird für folgende Anlässe benötigt: (6)
- Ermittlung des Unternehmenswertes bei Fusion oder Unternehmenskauf/-verkauf,
- Ermittlung der Höhe der Tantiemen der Marketing-

Verantwortlichen; Festlegen des Marketing-Budget; Allokation der Budgets bei Mehrmarkenunternehmen,
- Höhe der Lizenzgebühren für Marken und für das Franchising,
- Kreditsicherheiten bestimmen,
- Schadensersatzforderungen ermitteln.

Sogar die Unternehmensberater nutzen jeweils unterschiedliche Verfahren zur Markenbewertung

Roland Berger Strategy Consultants bedient sich meistens dem Verfahren Brand Profiler, welches Markennutzer nach ihren psychografischen Profilen unterscheidet. PricewaterhouseCoopers nutzt das Modell Advanced Brand Valuation, welches vier Dimensionen umfasst. Dazu gehört die Bewertung des immateriellen Vermögens, die wertorientierte Steuerung, das interne Controlling und die externe Berichterstattung. Damit werden markenspezifische Werttreiber und ihre finanziellen Auswirkungen miteinander verknüpft.

Auch das Rechnungswesen muss

sich zunehmend mit Markenbewertung beschäftigen

Marken gewinnen auch für das Rechnungswesen zunehmend an Bedeutung. So müssen selbst geschaffene Marken als immaterielle Vermögensgegenstände nach HGB- wie auch gemäß IAS-Vorschriften ausdrücklich aktiviert werden. Außerdem sind inzwischen nicht nur separat erworbene Marken in der Bilanz zu aktivieren, sondern auch im Rahmen von Unternehmensübernahmen erworbene Marken müssen berücksichtigt werden. (6)
Die bilanzielle Bewertung von Marken wie auch die Ermittlung ihres Einflusses auf den Cash-Flow bereitet Rechnungswesenprofis enorme Schwierigkeiten. Für das Rechnungswesen stellt sich vor allem die Frage, welche Verfahren zur Markenbewertung herangezogen werden sollten und welche Rechenschritte und Einflussgrößen zu beachten sind. Auch die Frage nach adäquaten Software-Lösungen taucht immer wieder auf. Für die Markenbewertung gibt es bisher keinen Standard. (6)
Sollten für Marken nur eine bestimmte Nutzungsdauer vorgesehen sein, müssen die Werte auch planmäßig abgeschrieben werden. (6)
Darüber hinaus müssen Marken, die eine unbestimmte Nutzungsdauer haben, jährlich einem

Wertminderungstest unterzogen werden. (6) Gemäß dem aktuellen IFRS-Standard muss zukünftig im Falle von Unternehmenszusammenschlüssen einer der Partner klar als Erwerber identifiziert werden. Dann kann der Markenwert nicht mehr einfach unter der Sammelgröße Goodwill subsumiert werden. Außerdem kann es nicht mehr wie noch bei der Fusion von Daimler und Chrysler einen "Merger of Equals" geben, bei dem beide Unternehmen einfach ihre Buchwerte addieren. Der Markenerwerb muss gemäß Erwerbsmethode auch deutlich als solcher verbucht werden. (6)

Für die Anforderungen des Rechnungswesens sind vor allem monetäre Markenbewertungsverfahren von Bedeutung

Monetäre Markenbewertungsverfahren ermitteln den finanziellen Wert einer Marke. Im Gegensatz dazu fokussieren nicht-monetäre, qualitative Verfahren auf die Markenstärke als nachfrageorientierte Komponente. Diese psychografisch-verhaltensorientierten Verfahren beziehen sich auf

Konsumentenbeurteilungen. Über Scoring-Methoden werden Größen wie Markenimage, Markentreue oder Markenbekanntheit bewertet. (6)
Eine monetäre Markenbewertung spielt für Unternehmen immer dann eine Rolle, wenn der Kaufpreis bei einer Unternehmenstransaktion ermittelt werden soll oder die Optimierung der Allokation von Marketingausgaben oder die Stärkung des Anlegervertrauens ermöglicht werden soll. Dafür ist ein standardisiertes Bewertungsverfahren unabdingbar. Aufgrund der Vielzahl der Verfahren und den stark voneinander abweichenden Ergebnissen herrscht bei der Mehrheit der Unternehmen eine große Skepsis gegenüber der Bewertung von Marken.
Alleine 30 verschiedene monetäre Bewertungsverfahren mit unterschiedlichen Analyseschwerpunkten liefern teilweise stark voneinander abweichende Ergebnisse. (6)
Im Rahmen monetärer Bewertungsmodelle gibt es drei Bewertungsansätze: (6)
- **Marktpreisorientierte Verfahren** (Rechenbasis sind Markenwerte bei Transaktionen vergleichbarer Marken)- **Kostenorientierte Verfahren** (Bewertung stützt sich auf den historischen Entwicklungskosten der jeweiligen Marke. Allerdings bleibt der mögliche zukünftige wertmäßige Nutzen der Marke bei dieser Betrachtung außen vor)- **Einkommensorientierte Verfahren** (die zukünftigen finanziellen Überschüsse,

die der zu bewertenden Marke zugeordnet werden können, werden berechnet).In der Praxis hat sich von diesen drei Ansätzen bisher das einkommensorientierte Modell am stärksten durchgesetzt. Hierbei kommen vor allem drei Berechnungsmethoden in Betracht: (6)
- Lizenzpreisanalogie, bei der die fiktiv aufzuwendenden Lizenzentgelte berechnet werden, für den Fall, dass das Unternehmen nicht im Besitz der Marke wäre. Dabei werden die Lizenzzahlungen abgeleitet aus marktüblichen Lizenzraten für vergleichbare Marken.
- Mehrgewinnmethode, die den Mehrwert errechnet, der sich aus der Nutzung einer eingeführten Marke gegenüber dem Fall des Verkaufs eines nicht markierten Produktes ergäbe. In der Praxis besteht hierbei das größte Problem in der Identifikation eines identischen aber unmarkierten Produkts.
- Erfolgsaufteilungsmethode, die im ersten Schritt die Erträge ermittelt, die mit dem Markenprodukt erwirtschaftet werden, um dann im zweiten Schritt den Anteil der Erträge zu identifizieren, der nur auf die Marke zurückzuführen ist. Dieses kann z. B. durch den Abzug für fiktive Nutzungsentgelte für unterstützende Vermögenswerte oder aber durch Multiplikation mit einem spezifisch ermittelten Faktor erfolgen. Der Markenwert ist dann der Barwert dieser berechneten Markenerträge bzw. der Marken-Cash-Flow.

Fallbeispiele

Das deutsche Markenranking "Best Brands" hat Anfang Februar das Ergebnis seiner zum vierten Mal durchgeführten Studie vorgestellt. Demnach ist Miele die beste Unternehmens- und Canon die beste Produktmarke.
Hinter Miele platzierte sich der letztjährige Sieger Google sowie der Autobauer Porsche.
Canon als letztjähriger Sechster schob sich vor Lego und dem letztjährigen Sieger Tchibo.
Die Initiatoren dieser Studie sind die Agenturgruppe Serviceplan, die GfK-Marktforschung, der Markenverband, der TV-Vermarkter Seven-One Media und die Verlagsgruppe Handelsblatt. Die "Best Brands"-Rangliste ist nach eigenen Angaben das einzige Markenranking, welches sowohl den wirtschaftlichen Erfolg als auch die Beliebtheit der Marke in der Wahrnehmung der Verbraucher misst. Außerdem basiert dieses Ranking auf repräsentativen Marktforschungsdaten der GfK. Hierzu zählen 3 000 Telefoninterviews sowie Analysen der Marktdaten der verschiedenen Branchen. (1)

Das Interbrand-Ranking 2006 bewertet die Marke Coca-Cola mit 51 Milliarden Euro. Red Bull im Vergleich dazu liegt nach Berechnungen der RNG Management Consult bei einem Wert von knapp zehn Millionen Euro. Allerdings sind diese Erhebungen nicht wirklich vergleichbar. Denn während Interbrand eine komplexe Formel zur Berechnung des Markenwerts heranzieht, berücksichtigt RNG lediglich Umsatzzahlen und Benchmarking.

Marken sind "Gefühlssache". Zumindest einigermaßen ist Radio- und Neurologen der Nachweis gelungen, welchen Wert eine Marke im Kopf der Verbraucher bildet. (6)

Das Marktforschungsunternehmen Millward Brown hat Toyota mit 30,2 Milliarden US-Dollar zur wertvollsten weltweiten Automarke des Jahres 2006 gekürt. Gefolgt wird Toyota von BMW mit 23,8 Milliarden und Mercedes mit 17,8 Milliarden US-Dollar. Im Interbrand-Ranking wiederum liegt Toyota vor Mercedes und BMW. Audi folgt gemäß der Millward Brown-Studie auf Rang 14. Das Schlusslicht nimmt die zu GM gehörende Marke Pontiac ein. (2), (3)
Interbrand hält sieben Themenkomplexe für relevant bei der Erklärung was eine erfolgreiche Marke im Innersten zusammenhält.

1. Es ist nicht von Bedeutung für eine Marke ob sie teuer oder billig ist. Wichtig ist, dass sie sich klar in eine Richtung positioniert, also entweder teure Luxus-Marke oder aber eine günstige Marke, die z. B. Ausdruck eines Lebensstils ist.
2. Die Größe eines Unternehmens ist nicht ausschlaggebend für den Erfolg einer Marke. Neben weltweit operierenden Multis kann auch ein kleines Unternehmen eine starke Marke haben, wenn Produktqualität und Ausstrahlung stimmen.
3. Lokal oder global. Aufgrund beschränkter Wachstumsmöglichkeiten in lokalen Märkten ist ein Internationalisierungsdruck auch für die Markenführung erkennbar und wohl auch unabdingbar, da die lokalen Marken ansonsten von global agierenden Marken verdrängt werden.
4. Tradition ist etwas was sich über Jahre und Jahrzehnte hinweg aufbaut und für die Markenbildung ein wichtiger Faktor sein kann. Trotzdem kann sich auch ein junges Unternehmen durch eine neue Positionierung als Marke etablieren.
5. Viel Werbung beflügelt zwar den Markenwert. Eine Erhebung in der Schweiz hat aber ergeben, dass die Reihenfolge der Markenwerte der Schweizer Unternehmen nicht mit der Höhe ihrer Werbeausgaben korrelieren.
6. Die Wurzeln einer einheimischen Marke müssen nicht zwingend im eigenen Land begründet liegen. Viele Beispiele zeigen, dass auch von Ausländern

gegründete Unternehmen eine starke Marke entwickeln können.

7. Als Fazit ist festzuhalten, dass es kein allgemeingültiges Rezept für die Schaffung und Entwicklung von Markenwerten gibt. Allerdings ist eine starke Marke kaum mehr zu töten. (4)

Weiterführende Literatur

(1) Waschmaschine schlägt Suchmaschine
aus WirtschaftsWoche online vom 20070208, 14:39:55

(2) Toyota ist am meisten wert
aus HORIZONT 04 vom 25.01.2007 Seite 021

(3) O.V., Toyota ist die wertvollste Automarke, Handelsblatt online, 18.01.2007
aus HORIZONT 04 vom 25.01.2007 Seite 021

(4) Schweizer Kostbarkeiten
aus BILANZ Nr. 060 vom 19.01.2007 Seite 060

(5) Preller, Elisabeth, Controlling-Lexikon, Controlling and Sustainability, Controlling, Heft 1, Januar 2007, S. 51 53
aus BILANZ Nr. 060 vom 19.01.2007 Seite 060

(6) Wie können Marken zuverlässig bewertet werden? Ein Praxisbeispiel anhand der Marke "SAP"
aus Bilanzbuchhalter und Controller, Heft 02/2007, S. 44

Impressum

Markencontrolling - Wie kann Controlling den Wert einer Marke ermitteln?

Bibliografische Information der deutschen Nationalbibliothek

Die Deutsche Nationalbibliothek verzeichnet diese Publikation in der deutschen Nationalbibliografie; detaillierte bibliografische Daten sind im Internet über http://dnb.d-nb.de abrufbar.

ISBN: 978-3-7379-0043-0

© 2015 GBI-Genios Deutsche Wirtschaftsdatenbank GmbH, Freischützstraße 96, 81927 München, www.genios.de

Alle Rechte vorbehalten. Dieses Werk ist einschließlich aller seiner Teile – z.B. Texte, Tabellen und Grafiken - urheberrechtlich geschützt. Jede Verwertung außerhalb der Grenzen des Urheberrechtsgesetzes bedarf der vorherigen Zustimmung des Verlags. Dies gilt insbesondere auch für auszugsweise Nachdrucke, fotomechanische

Vervielfältigungen (Fotokopie/Mikroskopie), Übersetzungen, Auswertungen durch Datenbanken oder ähnliche Einrichtungen und die Einspeicherung und Verarbeitung in elektronischen Systemen.